AF194170

Impressum
Verlag: BABADADA GmbH, Nedderfeld 112 , 22529 Hamburg
Geschäftsführer / Verlagsleitung: Harald Hof
Druck: Books on Demand GmbH, In de Tarpen 42, 22848 Norderstedt

Imprint
Publisher: BABADADA GmbH, Nedderfeld 112 , 22529 Hamburg, Germany
Managing Director / Publishing direction: Harald Hof
Print: Books on Demand GmbH, In de Tarpen 42, 22848 Norderstedt, Germany

# ysgol
# de School

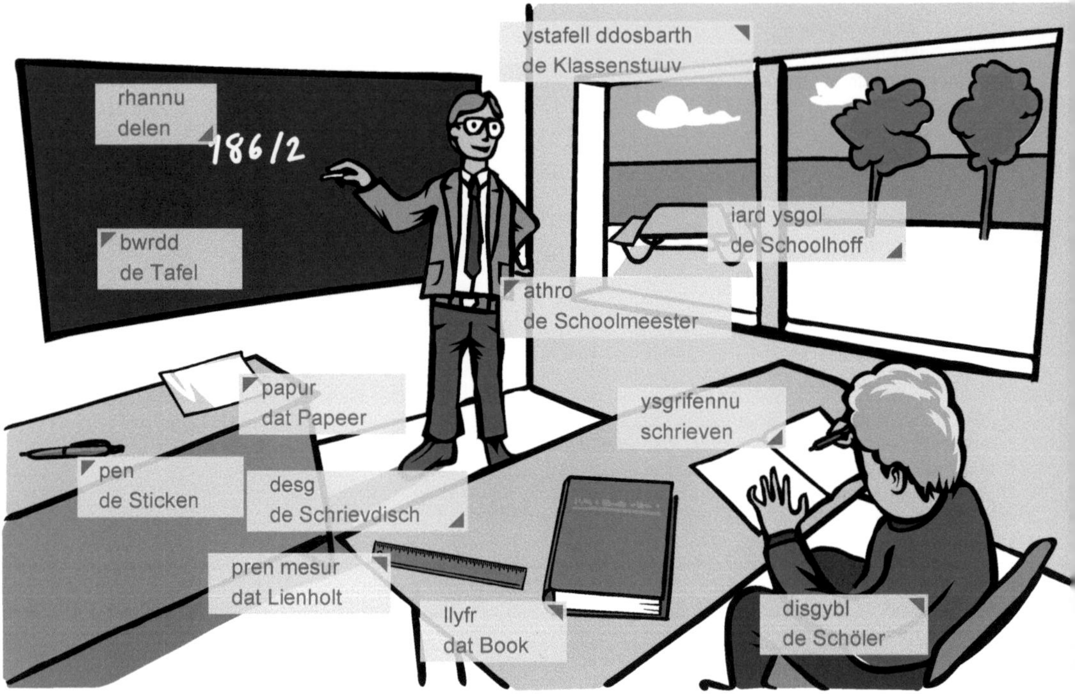
ystafell ddosbarth
de Klassenstuuv
rhannu
delen
186/2
bwrdd
de Tafel
iard ysgol
de Schoolhoff
athro
de Schoolmeester
papur
dat Papeer
ysgrifennu
schrieven
pen
de Sticken
desg
de Schrievdisch
pren mesur
dat Lienholt
llyfr
dat Book
disgybl
de Schöler

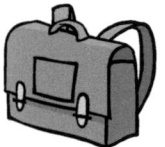

bag ysgol
de Ranzel

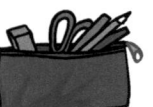

blwch penseli
de Feddermapp

pensil
de Bleesticken

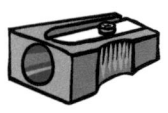

peth rhoi min ar bensil
de Scharpmaker

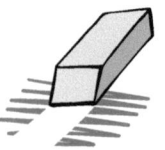

rwber
dat Radeergummi

pad arlunio
de Tekenblock

llun

de Teken

brws paent

de Pinsel

blwch paent

de Malkassen

siswrn

de Scheer

glud

de Klever

llyfr ysgrifennu

dat Heft to'n Öven

gwaith cartref

de Huusopgaav

12

rhif

de Tall

2+2

ychwanegu

tohooptellen

5-2

tynnu

aftrecken

2×2

lluosi

malnehmen

cyfrifo

reken

A

llythyren

de Bookstaav

ABCDEFG
HIJKLMN
OPQRSTU
VWXYZ

gwyddor

dat ABC

hello

gair

dat Woort

testun
de Text

darllen
lesen

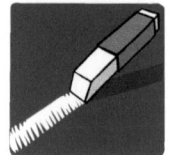

sialc
de Kried

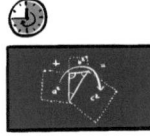

gwers
de Stunn

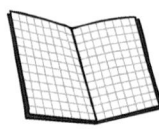

cofrestr
dat Klassenbook

arholiad
de Pröven

tystysgrif
dat Tüügnis

gwisg ysgol
de Schooluniform

addysg
de Utbillen

gwyddoniadur
dat Nakieksel

prifysgol
de Universität

microsgop
dat Mikroskop

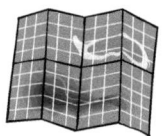

map
de Koort

basged papur gwastraff
de Papeerkorf

gwesty
dat Hotel

*Grand*

hostel
de Harbarg

ROOMS

swyddfa gyfnewid
de Wesselstuuv

EXCHANGE

cês dillad
de Kuffer

car
dat Auto

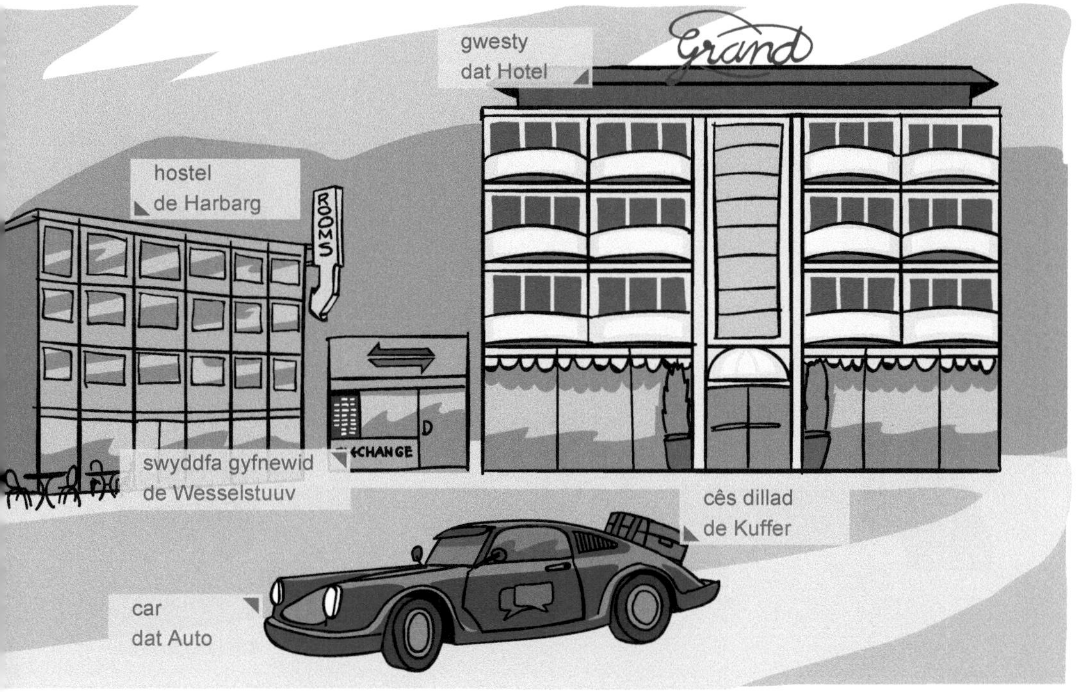

iaith
de Spraak

ie / na
jo / ne

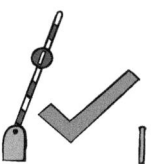

iawn
Jo

helo
Moin

cyfieithydd
de Översetter

Diolch yn fawr
Dank ok

faint yw ...?

Wat kost...?

Dw i ddim yn deall

Ik verstah nich

problem

dat Problem

Noswaith dda!

Goden Avend

Bore da!

Moin!

Nos da!

Gode Nacht!

hwyl

Tschüüs

cyfarwyddyd

de Richt

bagiau

de Bagaasch

bag

de Tasch

gwarbac

de Rüchsack

gwestai

de Gast

ystafell

de Stuuv

sach gysgu

de Slaapsack

pabell

dat Telt

gwybodaeth i ymwelwyr

de Touristeninformatschoon

traeth

de Strand

cerdyn credyd

de Kreditkoort

brecwast

dat Fröhstück

cinio

dat Meddageten

swper

dat Avendeten

tocyn

de Fohrkort

lifft

de Fohrstohl

stamp

de Breefmark

ffin

de Grenz

tollau

de Toll

llysgenhadaeth

de Bottschop

fisa

dat Visum

pasbort

de Pass

# cludiant
# de Transport

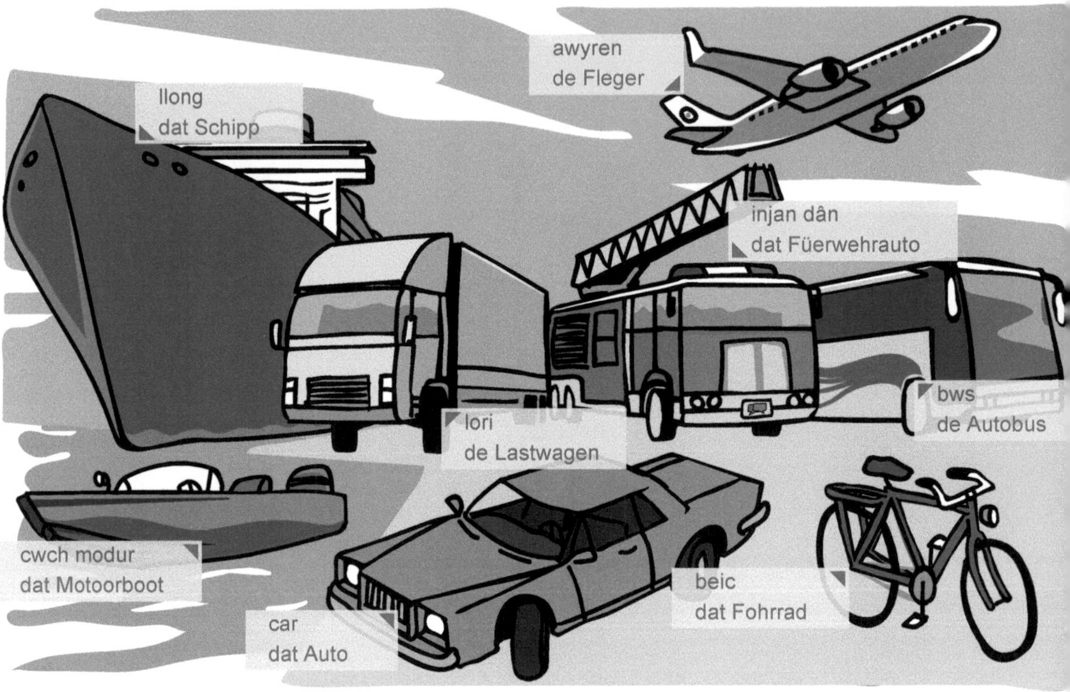

awyren
de Fleger
llong
dat Schipp
injan dân
dat Füerwehrauto
bws
de Autobus
lori
de Lastwagen
cwch modur
dat Motoorboot
beic
dat Fohrrad
car
dat Auto


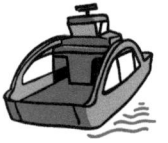

fferi

de Fähr

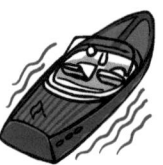

cwch

dat Boot

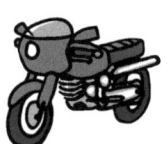

beic modur

dat Motoorrad

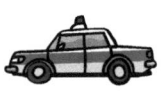

car yr heddlu

dat Polizeiauto

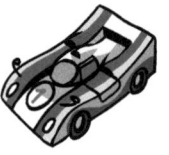

car rasio

dat Rönnauto

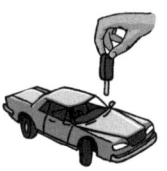

car wedi'i rentu

de Lehnwagen

rhannu car

dat Carsharing

lori tynnu

de Afsleepwagen

lori ysbwriel

dat Müllauto

modur

de Motoor

tanwydd

de Kraftstoff

gorsaf betrol

de Tanksteed

arwydd traffig

dat Verkehrsschild

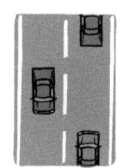

traffig

de Verkehr

tagfa draffig

de Stau

maes parcio

de Afstellplatz

gorsaf drennau

de Bahnhoff

traciau

de Sporen

trên

de Tog

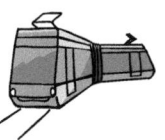

tram

de Stratenbahn

wagen

de Wagon

hofrennydd

de Dwarsmöhl

maes awyr

de Flooghaven

twr

de Tower

teithiwr

de Fohrgast

cynhwysydd

de Grootkist

paced

de Karton

cert

de Koor

basged

de Korf

esgyn / glanio

starten / lannen

# dinas

## de Stadt

pentref

dat Dörp

canol y ddinas

de Binnenstadt

tŷ

dat Huus

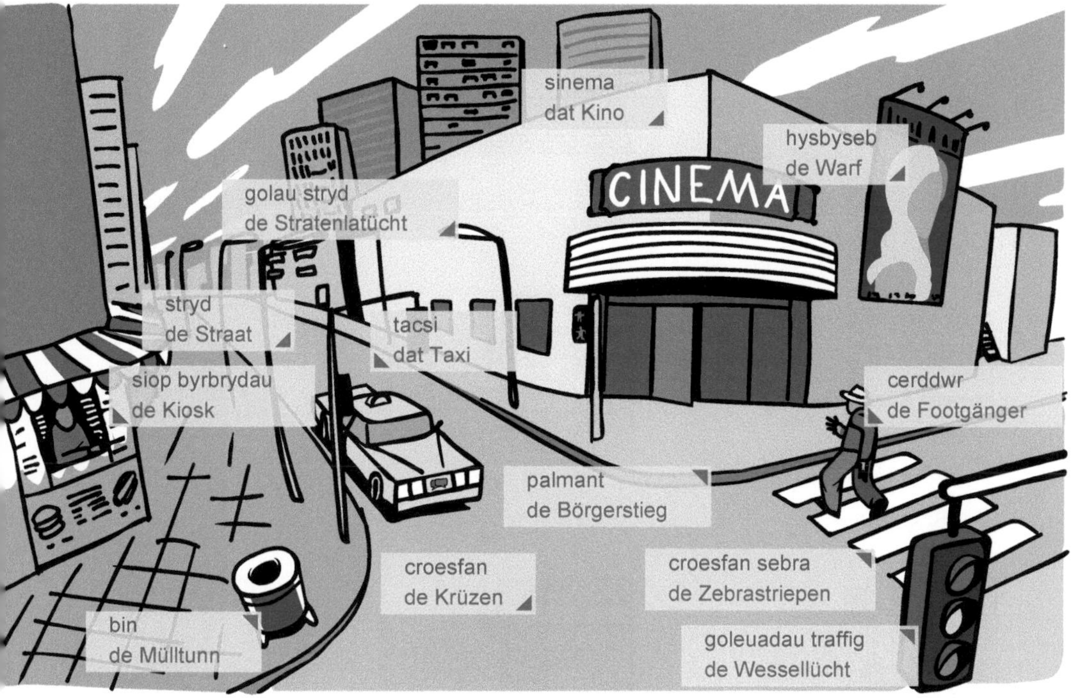

sinema
dat Kino

hysbyseb
de Warf

golau stryd
de Stratenlatücht

stryd
de Straat

tacsi
dat Taxi

siop byrbrydau
de Kiosk

cerddwr
de Footgänger

palmant
de Börgerstieg

croesfan
de Krüzen

croesfan sebra
de Zebrastriepen

bin
de Mülltunn

goleuadau traffig
de Wessellücht

**CINEMA**

cwt
de Hütt

fflat
de Wahnung

gorsaf drennau
de Bahnhoff

neuadd y dref
dat Raathuus

amgueddfa
dat Museum

ysgol
de School

prifysgol

de Universität

banc

de Bank

ysbyty

dat Krankenhuus

gwesty

dat Hotel

fferyllfa

de Afteek

swyddfa

dat Büro

siop lyfrau

de Bookhökerie

siop

de Hökerie

siop flodau

de Blomenhökerie

archfarchnad

de Supermarkt

farchnad

de Markt

siop adrannol

dat Koophuus

siop bysgod

de Fischhökerie

canolfan siopa

dat Inkoopszentrum

harbwr

de Haven

parc

de Parkanlaag

banc

de Bank

pont

de Brüch

grisiau

de Trepp

rheilffordd danddaearol

de Ünnergrundbahn

twnnel

de Tunnel

safle bws

de Busstoppsteed

bar

de Bar

bwyty

dat Spieslokal

blwch post

de Breefkassen

arwydd stryd

dat Stratenschild

mesurydd parcio

de Parkklock

sŵ

de Deertenpark

pwll nofio

de Baadanstalt

mosg

de Moschee

 fferm
de Buernhoff

llygredd
de Ümweltversmudden

mynwent
de Karkhoff

eglwys
de Kark

maes chwarae
de Speelplatz

teml
de Tempel

# tirwedd
## de Landschop

deilen
dat Blatt

arwydd cyfeirio
de Wiespahl

ffordd
de Weg

dôl
de Wisch

carreg
de Steen

coeden
de Boom

heiciwr
de Wannerer

afon
de Fluss

glaswellt
dat Gras

blodyn
de Bloom

cwm

dat Daal

bryn

de Barg

llyn

de See

coedwig

dat Holt

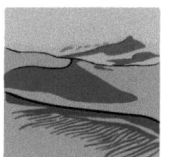

anialwch

de Wööst

llosgfynydd

de Füerspien Barg

castell

dat Slott

enfys

de Regenbagen

madarchen

de Poggenstohl

palmwydden

de Palm

mosgito

de Steekmück

pryf

de Fleeg

morgrugyn

de Miegeemk

gwenyn

de Imm

pryf copyn

de Spinn

chwilen

de Sebber

llyffant

de Pogg

gwiwer

de Katteker

draenog

de Swienegel

ysgyfarnog

de Haas

tylluan

de Uul

aderyn

de Vagel

alarch

de Swaan

baedd

dat Wildswien

carw

de Hirsch

elc

de Elk

argae

de Staudamm

tyrbin gwynt

dat Windrad

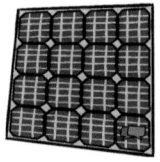

panel haul

dat Solarmodul

hinsawdd

dat Klima

# bwyty

## dat Spieslokal

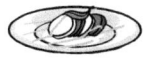

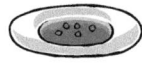

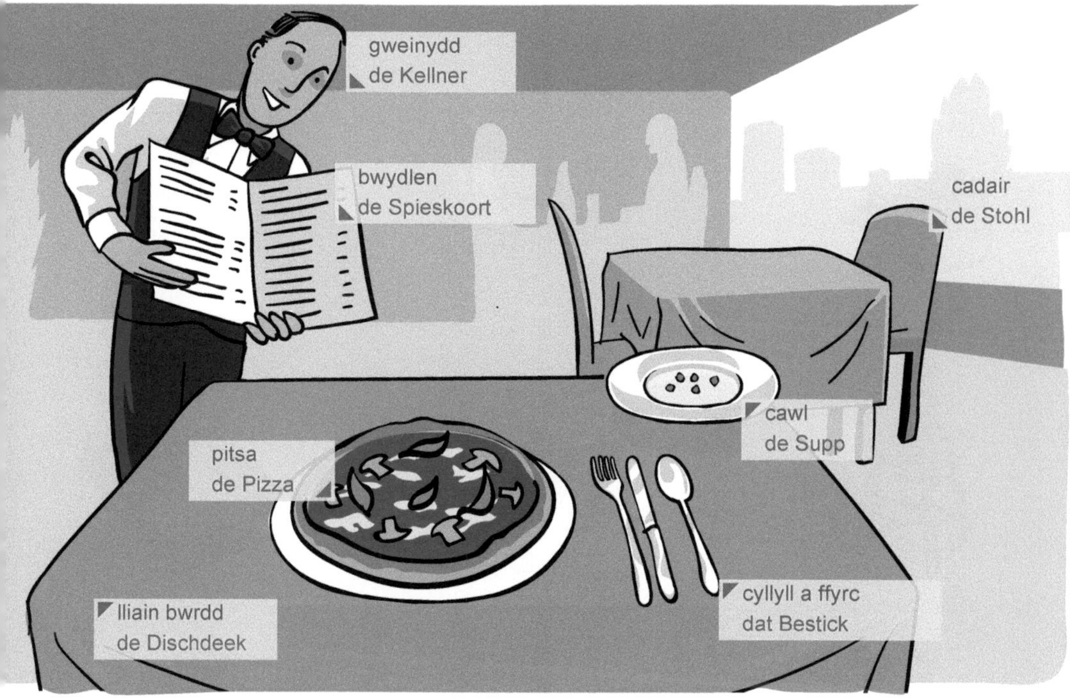
gweinydd
de Kellner
bwydlen
de Spieskoort
cadair
de Stohl
cawl
de Supp
pitsa
de Pizza
cyllyll a ffyrc
dat Bestick
lliain bwrdd
de Dischdeek

cwrs cyntaf

de Vörspies

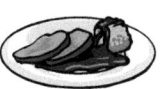

prif gwrs

dat Haupteten

pwdin

de Nadisch

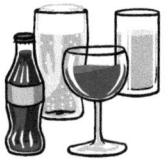

diodydd

de Drünk

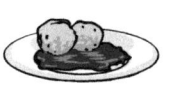

bwyd

dat Eten

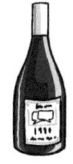

potel

de Buddel

bwyd cyflym

dat Fastfood

bwyd y stryd

dat Strateneten

tebot

de Teekann

powlen siwgr

de Zuckerdoos

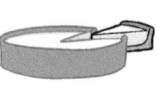

dogn

de Portschoon

peiriant espresso

de Espressomaschien

cadair plentyn

de Hoochstohl

bil

de Reken

hambwrdd

dat Tablett

cyllell

dat Mess

fforc

de Gavel

llwy

de Lepel

llwy de

de Teelepel

napcyn

dat Munddook

gwydr

dat Glas

plât
de Töller

plât cawl
de Suppentöller

soser
de Ünnertass

saws
de Sooß

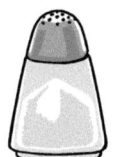

pot halen
de Soltstreuer

melin bupur
de Pepermöhl

finegr
de Etig

olew
dat Ööl

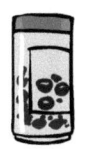

sbeisys
de Krüder

saws coch
de Ketchup

mwstard
de Mostrich

mayonnaise
de Mayonnaise

# archfarchnad
# de Supermarkt

cynnig arbennig
dat Anbott
cwsmer
de Kunn
cynnyrch llaeth
de Melkprodukten
ffrwythau
dat Aaft
troli
de Inkoopswagen
FOR

BUTCHERS

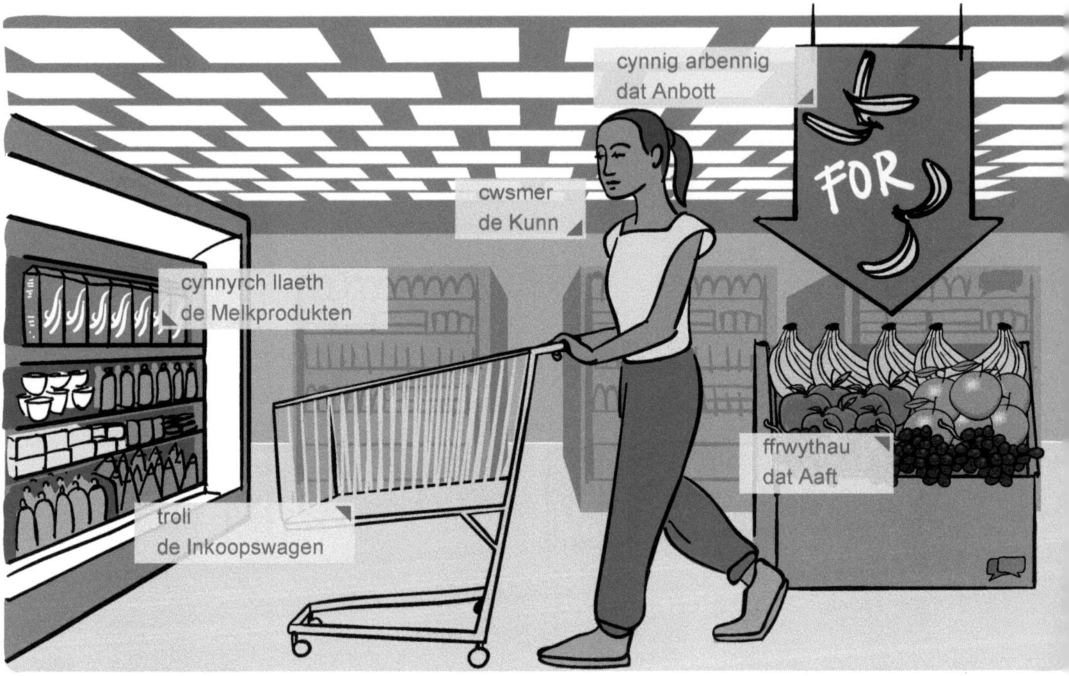

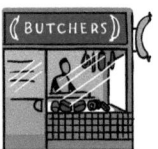

siop gig
de Slachterie

BAKERY

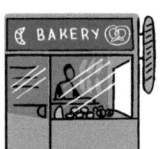

siop fara
de Bäckerie

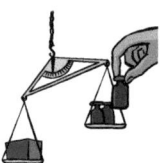

pwyso
wegen

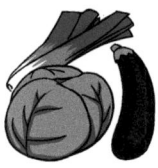

llysiau
de Gröönsaken

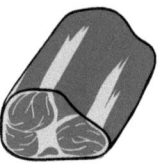

cig
dat Fleesch

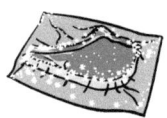

Bwyd wedi'i rewi
de Deepköhlkost

cig oer

de Opsnitt

bwyd tun

de Konserven

powdr golchi

de Waschmiddel

da-da

de Snoopkraam

cynnyrch cartref

de Huushooltssaken

cynhyrchion glanhau

de Reinmaaktüüch

gwerthwraig

de Verköpersche

til

de Kass

ariannwr

de Kasserer

rhestr siopa

de Inkoopslist

oriau agor

de Opsparrtieden

waled

de Breeftasch

cerdyn credyd

de Kreditkoort

bag

de Tasch

bag plastig

de Plastiktüüt

dŵr

dat Water

sudd

de Saft

llefrith

de Melk

côc

de Cola

gwin

de Wien

cwrw

dat Beer

alcohol

de Spriet

coco

de Kakao

te

de Tee

coffi

de Koffie

espresso

de Espresso

cappuccino

de Cappucino

ffrwchledd

de Banaan

afal

de Appel

oren

de Appelsien

melon

de Meloon

lemwn

de Zitroon

moronen

de Wöttel

garlleg

de Knuuvlook

bambŵ

de Bambus

nionyn

de Zibbel

madarchen

de Poggenstohl

cnau

de Nööt

nwdls

de Nudeln

sbageti

de Spaghetti

reis

de Ries

salad

de Salat

sglodion

de Pommes frites

tatws wedi'u ffrïo

de Braadkantüffeln

pitsa

de Pizza

hambyrger

de Hamborger

brechdan

dat Sandwich

cytled

dat Snitzel

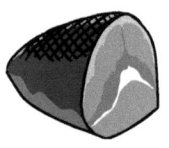

ham

de Schinken

salami

de Salami

selsig

de Wust

cyw iâr

dat Hohn

rhost

de Braden

pysgodyn

de Fisch

ceirch uwd

de Haverflocken

miwsli

dat Müsli

creision ŷd

de Cornflakes

blawd

dat Mehl

croissant

de Croissant

bynsen

dat Rundstück

bara

dat Broot

tost

dat Toast

bisgedi

de Keksen

menyn

de Botter

ceuled

de Quark

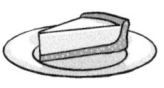

teisen

de Koken

wy

dat Ei

wy wedi'i ffrïo

dat Spegelei

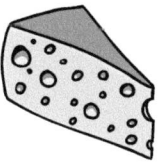

caws

de Kees

hufen iâ

de Ies

siwgr

de Zucker

mêl

de Honnig

jam

de Marmelaad

siocled taenu

de Nougat-Creme

cyri

dat Curry

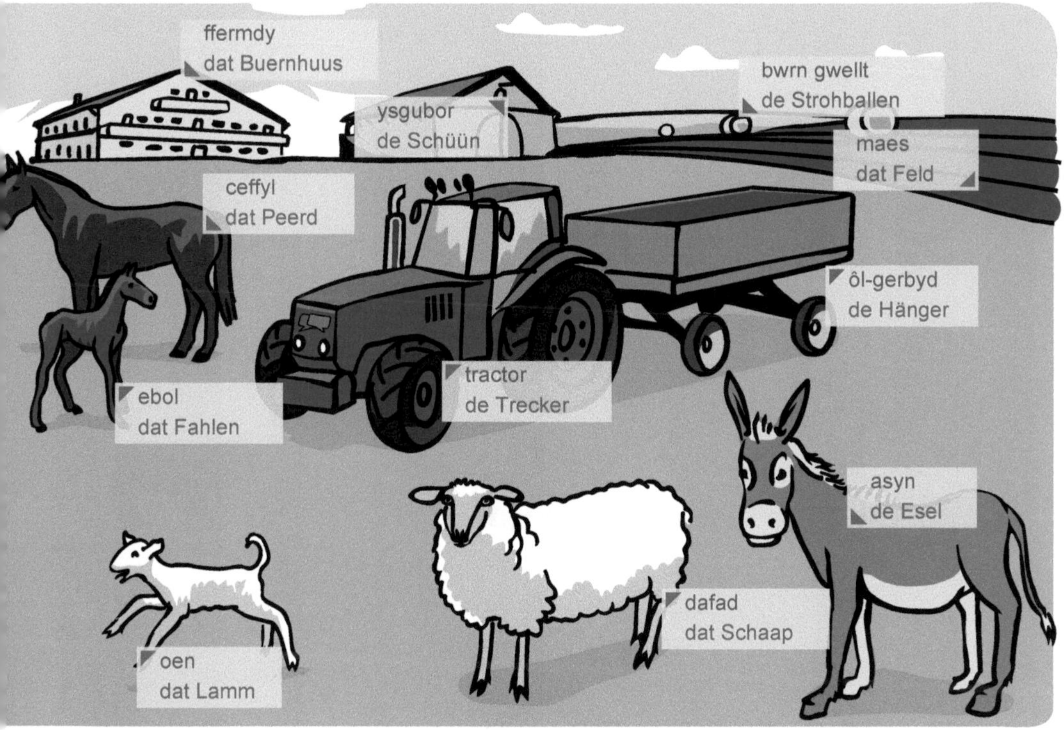

ffermdy
dat Buernhuus

bwrn gwellt
de Strohballen

ysgubor
de Schüün

maes
dat Feld

ceffyl
dat Peerd

öl-gerbyd
de Hänger

tractor
de Trecker

ebol
dat Fahlen

asyn
de Esel

dafad
dat Schaap

oen
dat Lamm

gafr

de Zeeg

buwch

dc Koh

llo

dat Kalf

mochyn

dat Swien

porchell

dat Farken

tarw

de Bull

gwydd

de Goos

hwyaden

de Aant

cyw

dat Küken

iâr

dat Hohn

ceiliog

de Hahn

llygoden fawr

de Rott

cath

de Katt

llygoden

de Muus

ych

de Oss

ci

de Hund

cwt ci

de Hunnenhütt

pibell ddŵr

de Goornslauch

can dŵr

de Geetkann

pladur

de Lee

aradr

de Ploog

cryman

de Sich

fforch chwynu

de Hack

picwarch

de Mestfork

bwyell

de Ext

berfa

de Schuufkoor

cafn

de Trog

tun llefrith

de Melkkann

sach

de Sack

ffens

de Tuun

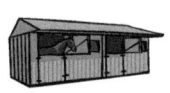

stabl

de Stall

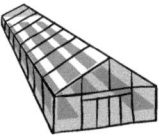

tŷ gwydr

dat Drievhuus

pridd

de Bodden

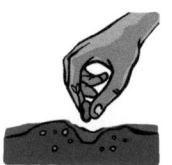

hedyn

de Saat

gwrtaith

de Dünger

dyrnwr medi

de Meihdöscher

cynaeafu

oornen

cynhaeaf

de Oorn

iamau

de Yamswöttel

gwenith

de Weten

soi

dat Soja

tysen

de Kantüffel

grawn

de Törksche Weten

had rêp

de Rapp

coeden ffrwythau

de Aaftboom

manioc

de Troopsch Kantüffel

grawnfwydydd

dat Koorn

# tŷ
# dat Huus

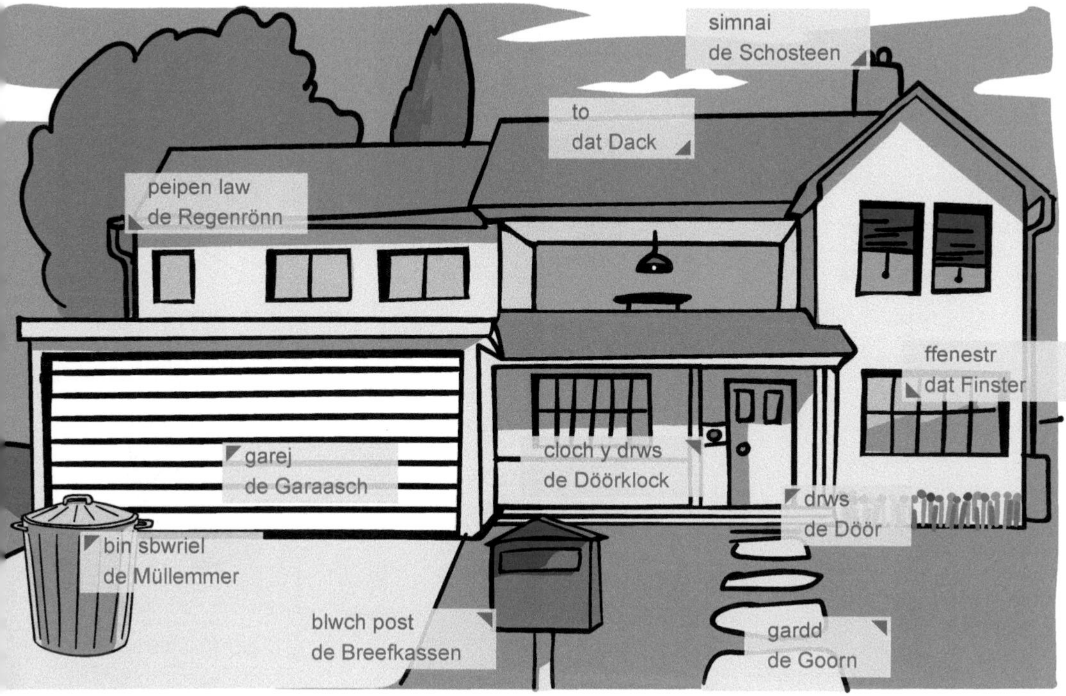
simnai
de Schosteen
to
dat Dack
peipen law
de Regenrönn
ffenestr
dat Finster
garej
de Garaasch
cloch y drws
de Döörklock
drws
de Döör
bin sbwriel
de Müllemmer
blwch post
de Breefkassen
gardd
de Goorn

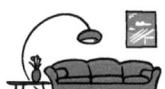

lolfa
de Wahnstuuv

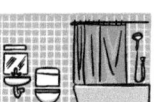

ystafell ymolchi
de Baadstuuv

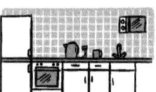

cegin
de Köök

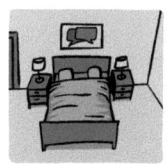

ystafell wely
de Slaapstuuv

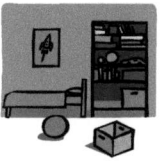

ystafell plentyn
de Kinnerstuuv

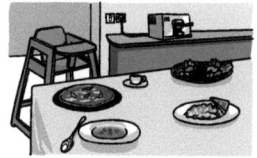

ystafell fwyta
de Eetstuuv

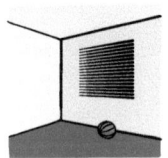

llawr
de Footbodden

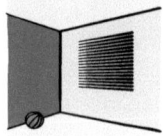

wal
de Wand

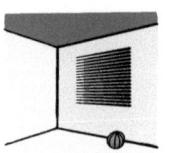

nenfwd
de Deek

seler
de Keller

sawna
dat Hittluftbad

balconi
de Balkon

teras
de Terrass

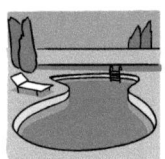

pwll
dat Swümmbad

peiriant torri gwair
de Rasenmeiher

taflen
de Bettbetog

gorchudd gwely
de Bettdeek

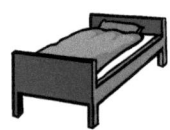

gwely
de Puuch

ysgub
de Bessen

bwced
de Emmer

swits
de Schalter

# lolfa

## de Wahnstuuv

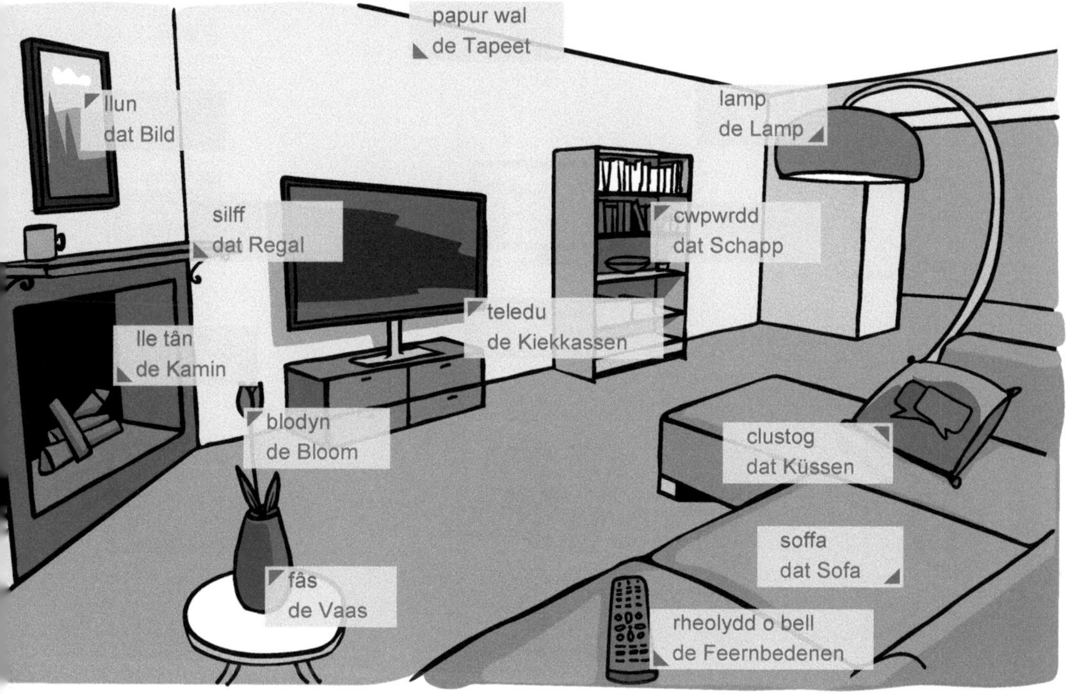

papur wal
de Tapeet
llun
dat Bild
lamp
de Lamp
silff
dat Regal
cwpwrdd
dat Schapp
teledu
de Kiekkassen
lle tân
de Kamin
blodyn
de Bloom
clustog
dat Küssen
soffa
dat Sofa
fâs
de Vaas
rheolydd o bell
de Feernbedenen


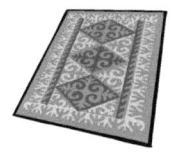

carped
de Teppich

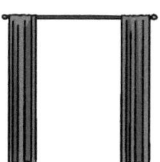

llen
de Vörhang

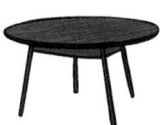

bwrdd
de Disch

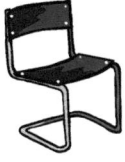

cadair
de Stohl

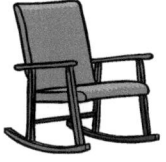

cadair siglo
de Schuckelstohl

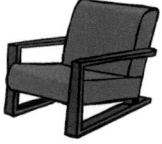

cadair freichiau
de Sessel

llyfr

dat Book

blanced

de Deek

addurn

de Dekoratschoon

coed tân

dat Füerholt

ffilm

de Film

hi-fi

de Stereoanlaag

agoriad

de Slötel

papur newydd

dat Narichtenblatt

darlun

dat Gemälde

poster

dat Poster

radio

dat Radio

llyfr nodiadau

de Opschrievblock

hwfer

de Huulbessen

cactws

de Kaktus

cannwyll

de Kars

# cegin

# de Köök

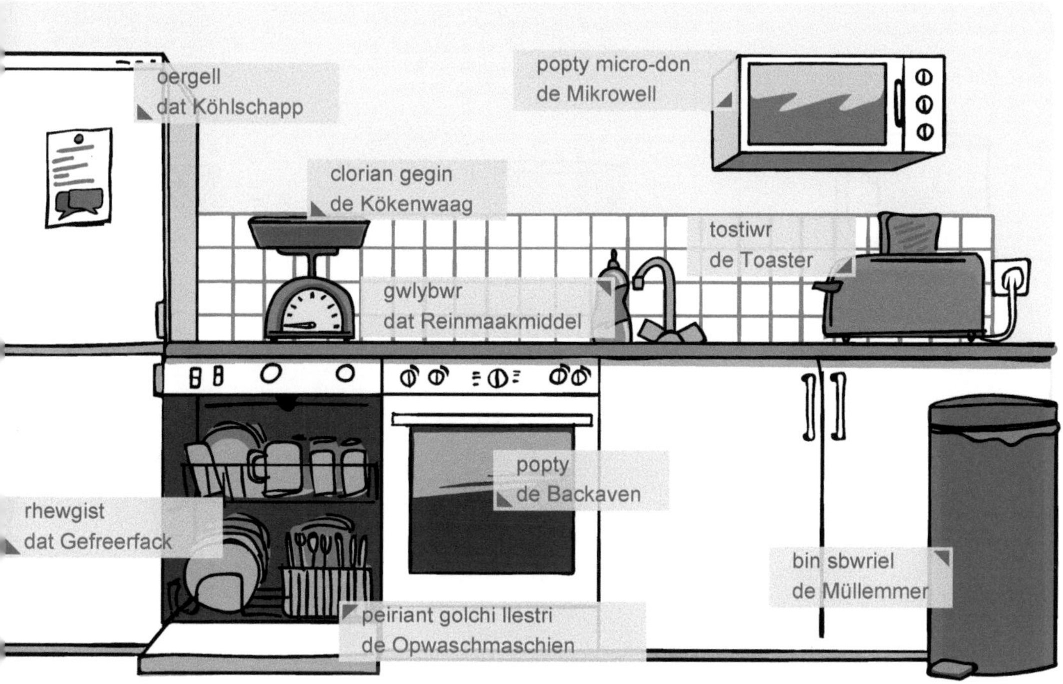

oergell
dat Köhlschapp
popty micro-don
de Mikrowell
clorian gegin
de Kökenwaag
tostiwr
de Toaster
gwlybwr
dat Reinmaakmiddel
popty
de Backaven
rhewgist
dat Gefreerfack
bin sbwriel
de Müllemmer
peiriant golchi llestri
de Opwaschmaschien


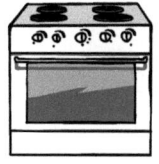

popty

de Heerd

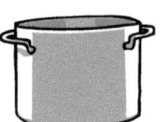

pot

de Pott

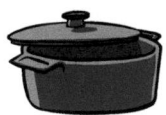

pot haearn bwrw

de Gussiesern Putt

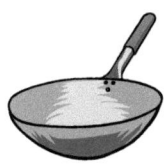

wok / kadai

de Wok / Kadai

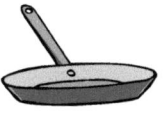

padell

de Pann

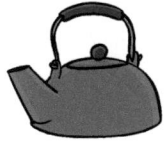

tegell

de Waterkaker

sosban stemio

de Dampkaakputt

hambwrdd pobi

dat Backblick

llestri

dat Geschirr

mwg

de Beker

powlen

de Schaal

gweill bwyta

de Eetsticken

lletwad

de Suppenkell

ysbodol

de Pannenwenner

chwisg

de Sneebessen

hidlydd

dat Kaakseef

gogr

dat Seef

gratiwr

de Riev

morter

de Mörser

barbeciw

de Grill

tân agored

de Füerstell

bwrdd torri cig

dat Sniedbrett

rholbren

dat Nudelholt

tynnwr corcyn

de Proppentrecker

tun

de Doos

peth agor tuniau

de Dosenaapner

clwt pot

de Pottlappen

sinc

dat Waschbecken

brws

de Böst

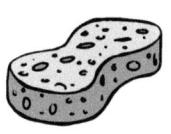

sbwng

de Swamm

peiriant cymysgu

de Mixer

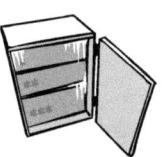

rhewgell

dat Iesschapp

potel babi

de Nuckelbuddel

tap

de Waterhahn

# ystafell ymolchi
## de Baadstuuv

cawod
de Bruus
gwres
de Heizung
tywel
dat Handdook
llen gawod
de Bruusvörhang
baddon ewyn
dat Schuumbad
baddon
de Baadwann
gwydr
dat Glas
peiriant golchi
de Waschmaschien
tap
de Waterhahn
teils
de Fliesen
potyn
de lütte Putt
sinc
dat Waschbecken


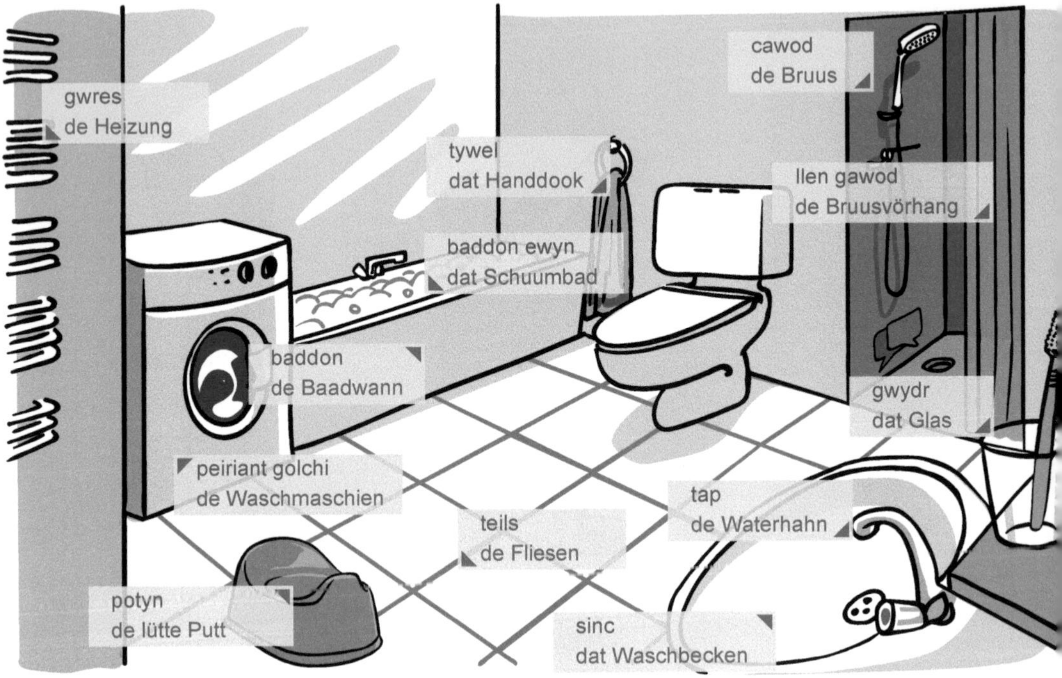

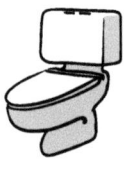

tŷ bach

de Tante Meier

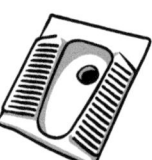

toiled cyrcydu

de Hockklo

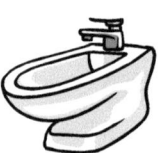

bidet

dat Bidet

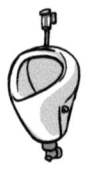

troethfa

dat Miegbecken

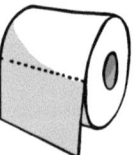

papur tŷ bach

dat Klopapeer

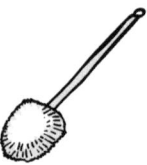

brws tŷ bach

de Kloböst

brws dannedd

de Tähnböst

past dannedd

de Tähnpast

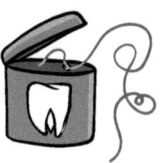

edau ddannedd

de Tähnsied

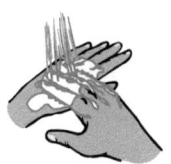

golchi

waschen

cawod llaw

de Handbruus

golchfa

de Intimbruus

basn

de Waschschöttel

brws-ôl

de Rüchböst

sebon

de Seep

gel cawod

dat Bruusgeel

siampŵ

dat Hoorwaschmiddel

gwlanen

de Waschlappen

ffos

de Afloop

hufen

de Creme

diaroglydd

dat Deodorant

drych

de Spegel

drych llaw

de Kosmetikspegel

rasel

de Raserer

ewyn eillio

de Raseerschuum

sent eillio

dat Raseerwater

crib

de Kamm

brws

de Böst

sychwr gwallt

de Hoordröger

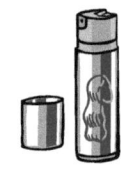

chwistrell gwallt

dat Hoorspray

colur

de Smink

minlliw

de Lippensticken

farnais ewinedd

de Nagellack

gwlân cotwm

de Watt

siswrn ewinedd

de Nagelscheer

persawr

dat Rüükwater

bag ymolchi

de Kulturbüdel

stôl

de Schemel

clorian

de Waag

gŵn baddon

de Baadmantel

menig rwber

de Gummihanschen

tampon

de Tampon

tywel misglwyf

de Damenbinn

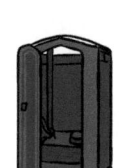

toiled cemegol

dat Chemieklo

# ystafell plentyn

# de Kinnerstuuv

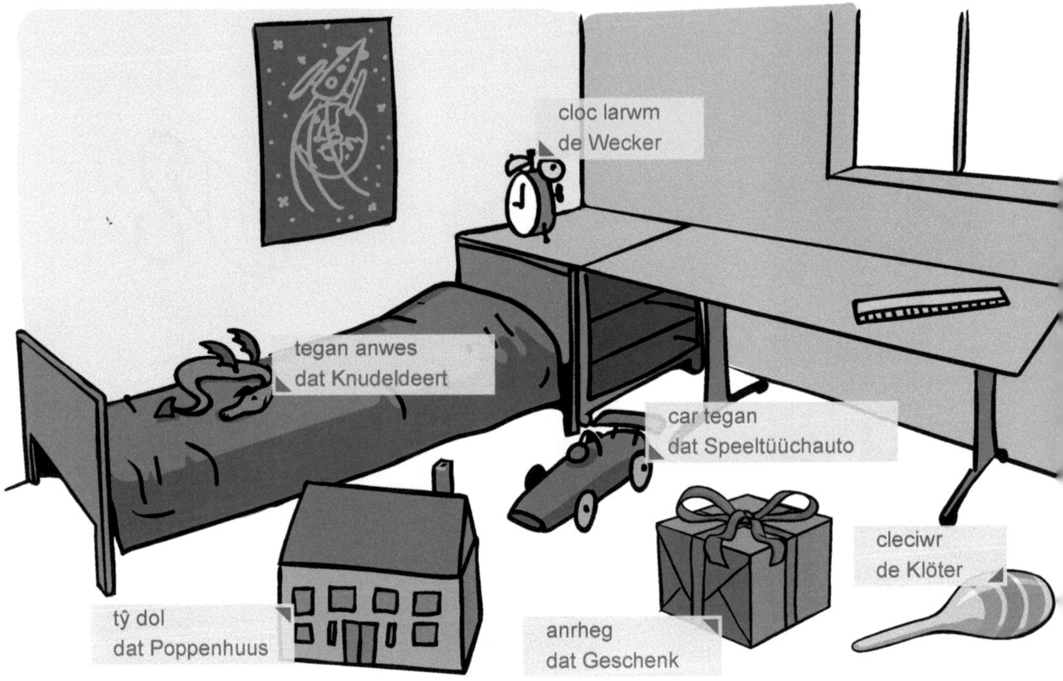
cloc larwm
de Wecker
tegan anwes
dat Knudeldeert
car tegan
dat Speeltüüchauto
cleciwr
de Klöter
tŷ dol
dat Poppenhuus
anrheg
dat Geschenk

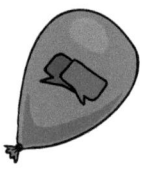

balŵn

de Luftballon

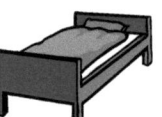

gwely

de Puuch

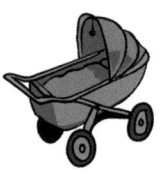

pram

de Kinnerwagen

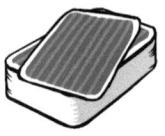

pecyn o gardiau

dat Koortenspeel

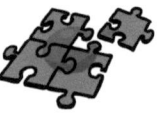

jig-so

dat Puzzle

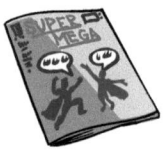

comic

de Billergeschicht

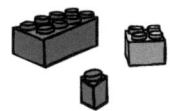

brics Lego
................
de Legostenen

blociau adeiladu
................
de Bustenen

ffigur gweithredu
................
de Action-Figur

babygro
................
de Strampelantog

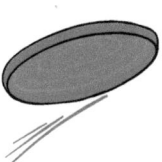

ffrisbi
................
de Frisbeeschiev

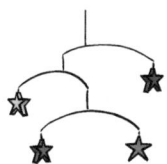

ffôn symudol
................
dat Mobile

gêm fwrdd
................
dat Brettspeel

deis
................
de Wörpel

set model trên
................
de Modelliesenbahn

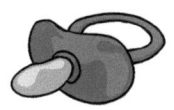

teth lwgu
................
de Snuller

parti
................
de Party

llyfr lluniau
................
dat Billerbook

pêl
................
de Ball

dol
................
de Popp

chwarae
................
spelen

pwll tywod

de Sandkassen

swing

de Schuckel

teganau

dat Speeltüüch

consol gemau fideo

de Speelkonsool

beic tair olwyn

dat Dreerad

tedi

de Teddyboor

cwpwrdd dillad

dat Klederschapp

## dillad

## dat Tüüch

hosanau

de Socken

hosanau

de Strümp

teits

de Strumpbüx

sgarff
dat Halsdook

ymbarél
de Paraplü

crys-t
dat T-Shirt

gwregys
de Liefreem

esgidiau
de Stevel

sliperi
de Puuschen

esidiau ymarfer
de Turnschoh

sandalau

de Sandalen

esgidiau

de Schoh

esgidiau rwber

de Gummistevel

trôns

de Ünnerbüx

bra

de Bostholler

fest

dat Ünnerhemd

corff
............
de Lief

trowsus
............
de Büx

jîns
............
de Jeansnüx

sgert
............
de Rock

blows
............
de Bluus

crys
............
dat Hemd

pwlofer
............
de Pullover

hwdi
............
de Kapuzenpullover

blaser
............
de Blazer

siaced
............
de Jack

côt
............
de Mantel

côt law
............
de Övertrecker

gwisg
............
dat Kostüm

gŵn
............
dat Kleed

gwisg briodas
............
dat Hochtietskleed

siwt

de Antog

gŵn nos

dat Nachtkleed

pyjamas

de Slaapantog

sari

de Sari

sgarff pen

dat Koppdook

tyrban

de Turban

bwrca

de Burka

cafftan

de Kaftan

abaya

de Abaya

gwisg nofio

de Baadantog

trowsus nofio

de Baadbüx

siorts

de Korte Büx

tracwisg

de Antog to'n Öven

ffedog

de Schört

menig

de Handschoh

botwm

de Knopp

sbectol

de Brill

breichled

dat Armband

cadwyn

de Halskeed

modrwy

de Ring

clustdlws

de Ohrbummel

cap

de Mütz

cambren

de Klederbögel

het

de Hoot

tei

de Binner

sip

de Rietslüter

helmed

de Helm

fframiau danedd

dat Drachtband

gwisg ysgol

de Schooluniform

gwisg

de Uniform

bib
de Severböten

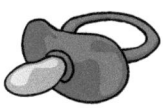

teth lwgu
de Snuller

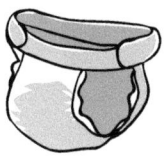

cewyn
de Winnel

# swyddfa
# dat Büro

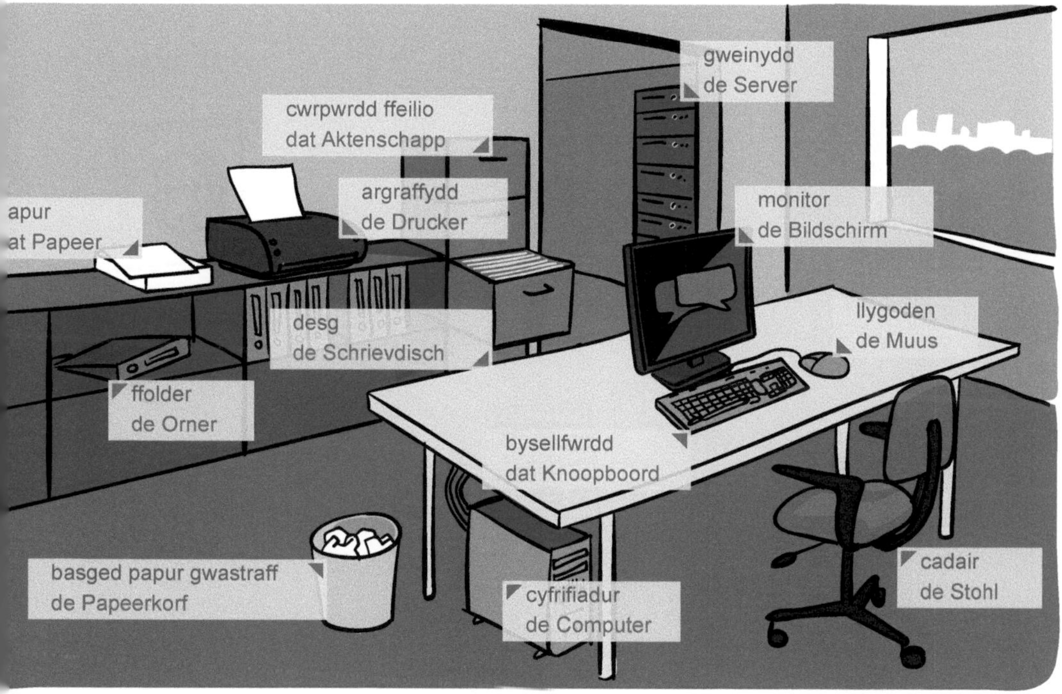

gweinydd
de Server

cwrpwrdd ffeilio
dat Aktenschapp

argraffydd
de Drucker

monitor
de Bildschirm

apur
at Papeer

desg
de Schrievdisch

llygoden
de Muus

ffolder
de Orner

bysellfwrdd
dat Knoopboord

basged papur gwastraff
de Papeerkorf

cyfrifiadur
de Computer

cadair
de Stohl

mwg coffi
de Koffiebeker

cyfrifiannell
de Taschenreekner

rhyngrwyd
dat Internet

gliniadur

de Klappreekner

llythyr

de Breef

neges

de Naricht

ffôn symudol

de Ackersnacker

rhwydwaith

dat Nettwark

llungopïwr

de Kopeerapparat

meddalwedd

de Software

teleffon

de Klöönkassen

soced plwg

de Steekdoos

peiriant ffacs

de Faxapparat

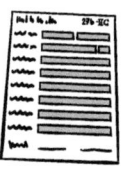

ffurflen

dat Formulor

dogfen

dat Dokument

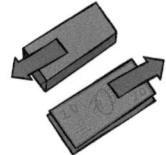

prynu

köpen

talu

betahlen

masnachu

hanneln

arian

dat Geld

doler

de Dollar

ewro

de Euro

yen

de Yen

rwbl

de Ruvel

ffranc y Swistir

de Swiezer Franken

yuan renminbi

de Renminbi Yuan

rwpi

de Rupie

peiriant arian

de Geldautomat

swyddfa gyfnewid

de Wesselstuuv

aur

dat Gold

arian

dat Sülver

olew

dat Ööl

ynni

de Energie

pris

de Pries

contract

de Verdrag

treth

de Stüer

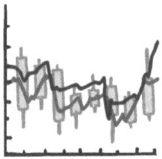

stoc

de Andeelschien

gweithio

arbeiden

cyflogai

de Anstellte

cyflogwr

de Arbeitgever

ffatri

de Fabrik

siop

de Hökerie

# swyddi
# de Profeschonen

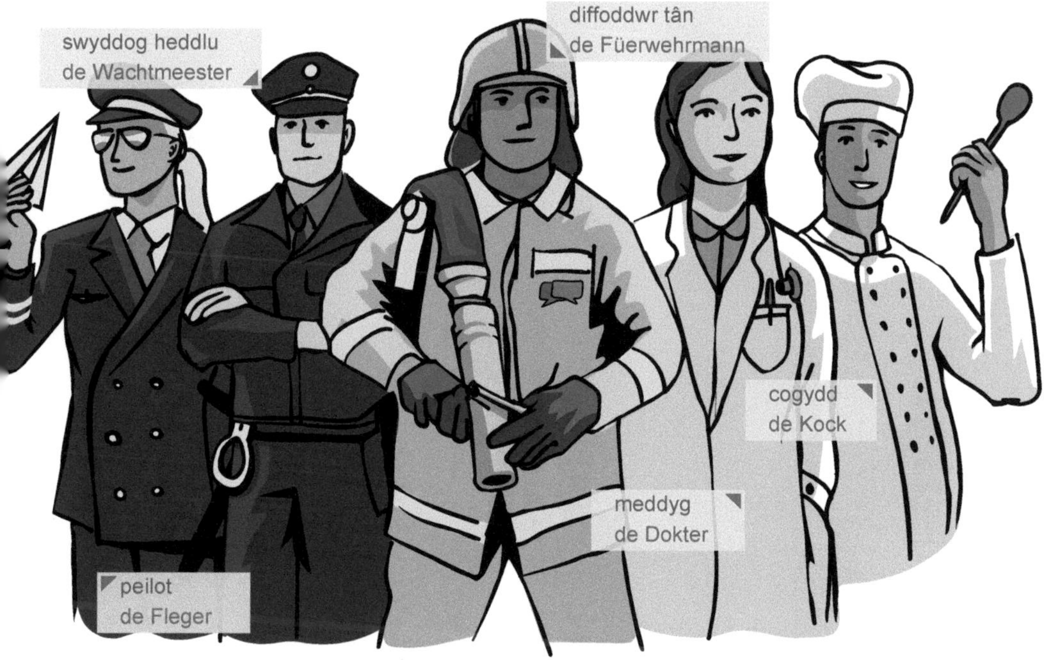

swyddog heddlu
de Wachtmeester
diffoddwr tân
de Füerwehrmann
cogydd
de Kock
meddyg
de Dokter
peilot
de Fleger


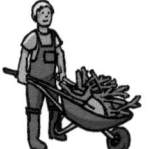

garddwr

de Goorner

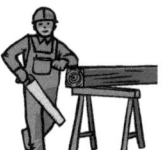

saer

de Dischcr

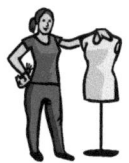

gwniadwraig

de Neihersche

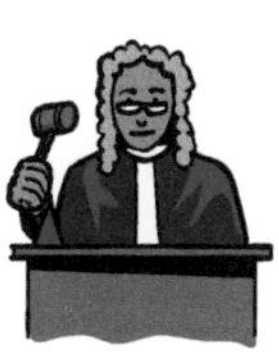

barnwr

de Richter

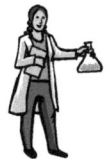

fferyllydd

de Chemiker

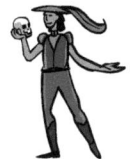

actor

de Schauspeler

gyrrwr bws

de Busfohrer

gyrrwr tacsi

de Taxifohrer

pysgotwr

de Fischer

glanhawraig

de Reinmaakfru

töwr

de Dackdecker

gweinydd

de Kellner

heliwr

de Jäger

paentiwr

de Maler

pobydd

de Bäcker

trydanwr

de Elektriker

adeiladwr

de Buarbeider

peiriannydd

de Ingenieur

cigydd

de Slachter

plymiwr

de Klempner

dyn y post

de Postbüdel

swyddi - de Profeschonen

milwr

de Suldat

pensaer

de Architekt

ariannwr

de Kasserer

gwerthwr blodau

de Florist

triniwr gwallt

de Putzbüdel

archwiliwr tocynnau
rheilffordd

de Schaffner

mecanydd

de Mechaniker

capten

de Kaptein

deintydd

de Tähndokter

gwyddonydd

de Wetenschopler

rabi

de Rabbi

imam

de Imam

mynach

de Mönk

clerigwr

de Paap

# offer

# dat Warktüüch

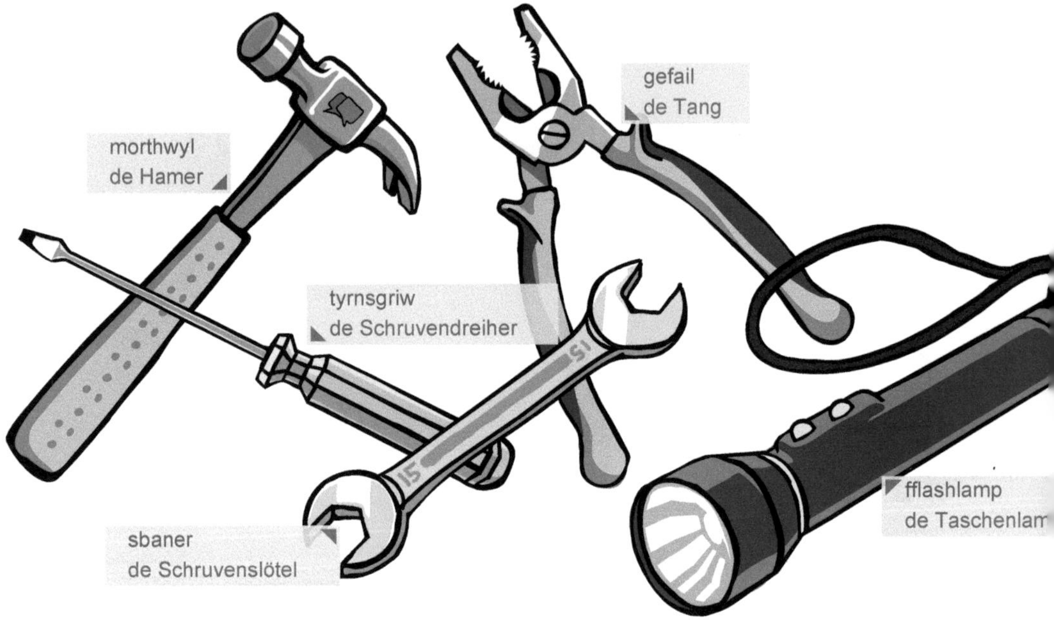

gefail
de Tang
morthwyl
de Hamer
tyrnsgriw
de Schruvendreiher
fflashlamp
de Taschenlam
sbaner
de Schruvenslötel


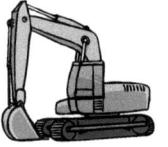

turiwr

de Grieper

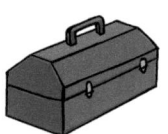

blwch offer

de Warktüüchkassen

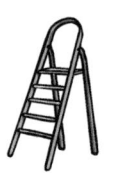

ysgol

de Ledder

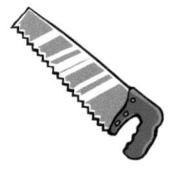

llif

de Saag

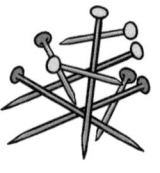

hoelion

de Nagels

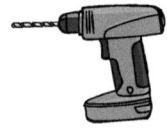

dril

de Bohrer

trwsio
heelmaken

rhaw
de Schüffel

Daria!
Schiet!

rhaw lwch
dat Kehrblick

pot paent
de Farvpott

sgriwiau
de Schruven

## offerynnau cerdd
## de Musikinstrumenten

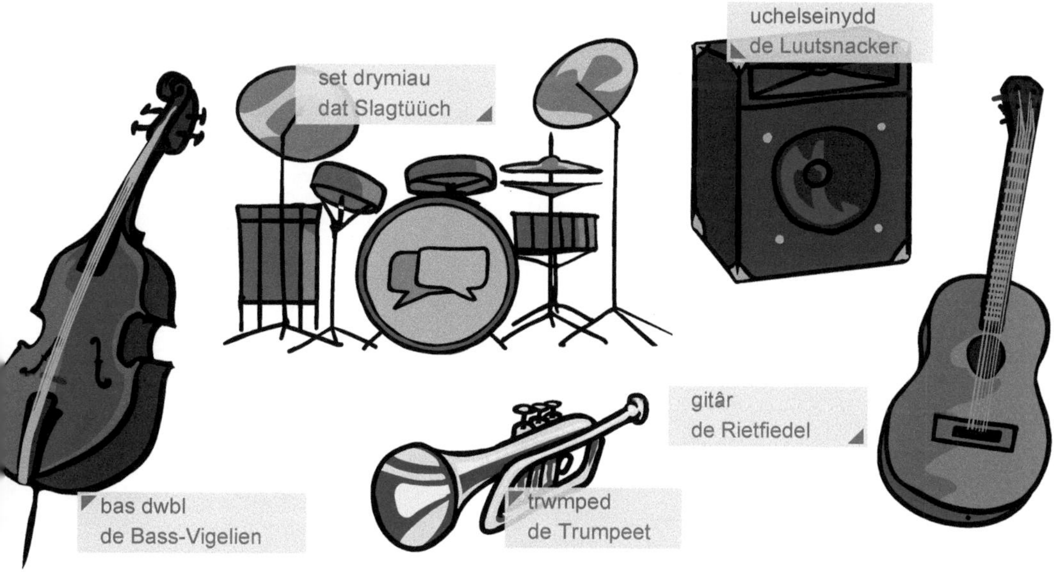

set drymiau
dat Slagtüüch

uchelseinydd
de Luutsnacker

gitâr
de Rietfiedel

bas dwbl
de Bass-Vigelien

trwmped
de Trumpeet

piano

dat Klaveer

ffidil

de Vigelien

bas

de Bass

timpani

de Pauk

drymiau

de Trummeln

cyweirfwrdd

dat Keyboard

sacsoffon

dat Saxophon

ffliwt

de Fleut

meicroffon

dat Mikrofoon

# de Deertenpark

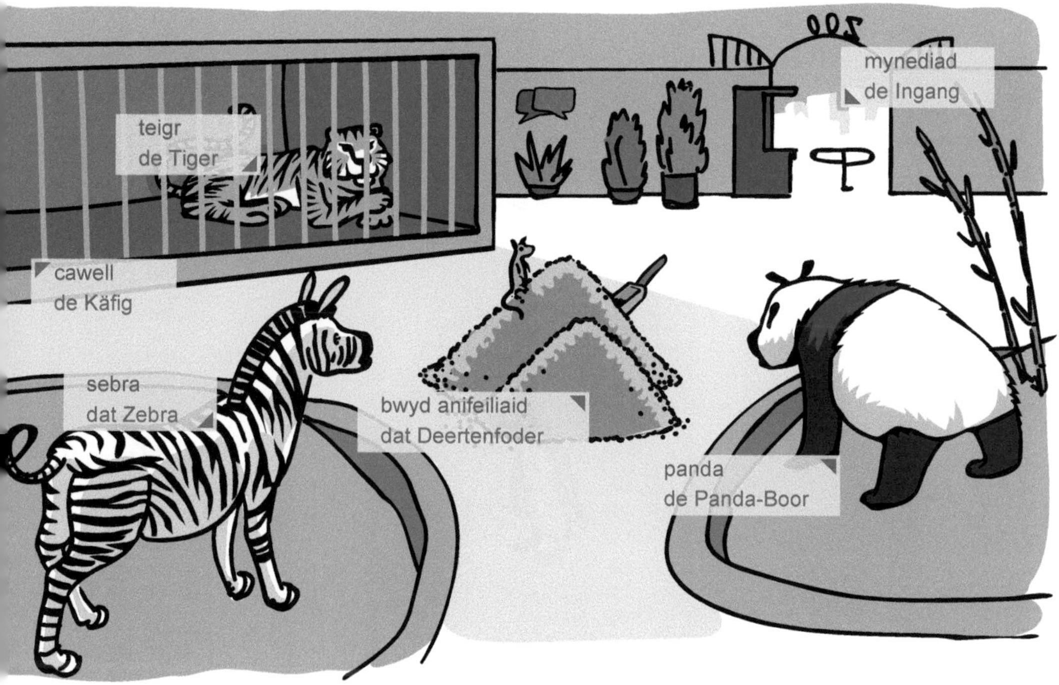

teigr
de Tiger

mynediad
de Ingang

cawell
de Käfig

sebra
dat Zebra

bwyd anifeiliaid
dat Deertenfoder

panda
de Panda-Boor

anifeiliaid

de Deerten

eliffant

de Elefant

cangarŵ

dat Känguru

rhinoseros

dat Neeshoorn

gorila

de Gorilla

arth

de Boor

camel

dat Kameel

estrys

de Struuß

llew

de Lööv

mwnci

de Aap

fflamingo

de Flamingo

parot

de Papagoi

arth wen

de Iesboor

pengwin

de Pinguin

siarc

de Haifisch

paun

de Pageluun

neidr

de Slang

crocodeil

dat Krokodil

gofalwr sŵ

de Oppasser in'n
Deertenpark

morlo

de Saalhund

jagwar

de Jaguor

sŵ - de Deertenpark

merlyn

dat Pony

llewpard

de Leopard

hipo

dat Nilpeerd

jiráff

de Giraff

eryr

de Aadler

baedd

dat Wildswien

pysgodyn

de Fisch

crwban

de Schildkrööt

walrws

dat Walross

llwynog

de Voss

gafrewig

de Gazell

pêl-droed America
de Amerikaansch Football

beicio
dat Radfohren

tennis
dat Tennis

pêl-fasged
de Korfball

nofio
dat Swümmen

hoci iâ
dat Ieshockey

bocsio
dat Boxen

pêl-droed
de Football

badminton
dat Fedderball

athletau
de Leichtathletik

pêl-law
de Handball

sgïo
dat Skilopen

polo
dat Polo

# gweithgareddau
# de Aktivitäten

chwerthin
lachen
neidio
springen
cofleidio
ümarmen
cerdded
gahn
canu
singen
breuddwydio
drömen
gweddïo
beden
cusanu
snuteln

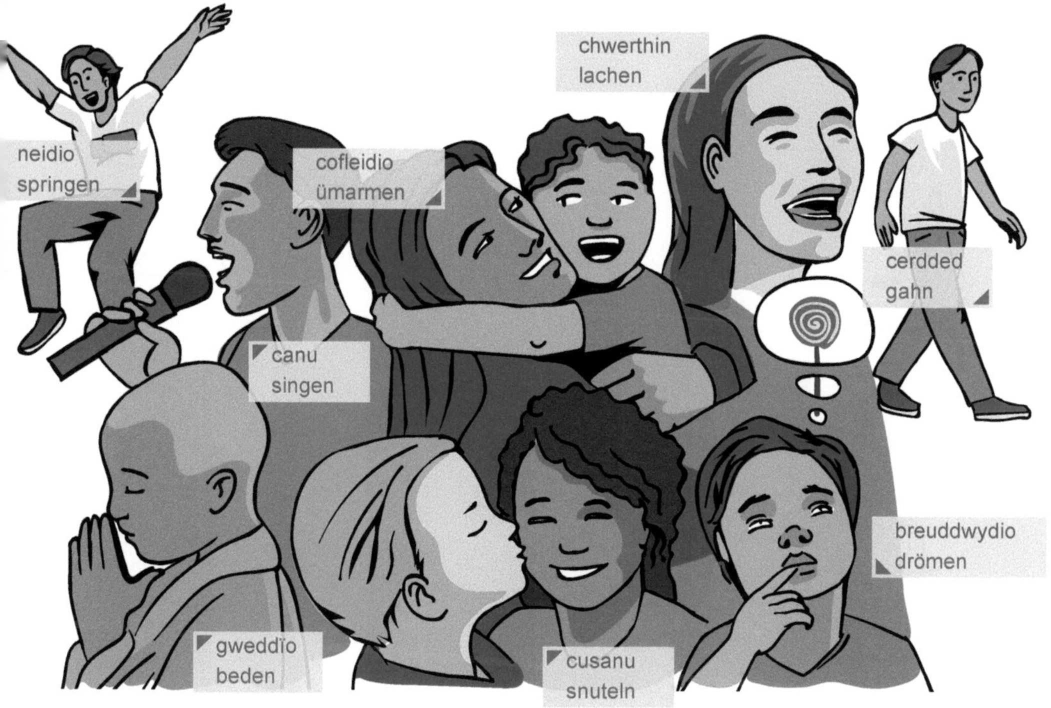

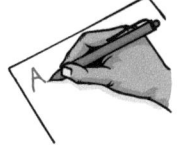

ysgrifennu

schrieven

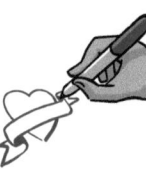

tynnu

teken

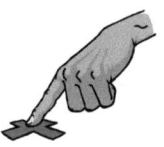

dangos

wiesen

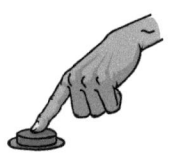

gwthio

drücken

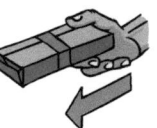

rhoi

geven

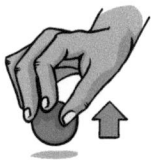

cymryd

nehmen

bod gan

hebben

gwneud

doon

bod

sien

sefyll

stahn

rhedeg

lopen

tynnu

trecken

taflu

smieten

disgyn

fallen

gorwedd

liggen

aros

töven

cario

dregen

eistedd

sitten

gwisgo amdanoch

antrecken

cysgu

slapen

deffro

opwaken

edrych ar

ankieken

crïo

wenen

anwesu

eien

cribo

kämmen

siarad

snacken

deall

verstahn

gofyn

fragen

gwrando

hören

yfed

drinken

bwyta

eten

tacluso

oprümen

caru

leefhebben

coginio

kaken

gyrru

fohren

hedfan

flegen

hwylio

segeln

cyfrifo

reken

darllen

lesen

dysgu

lehren

gweithio

arbeiden

priodi

de Plünnen tohoopsmieten

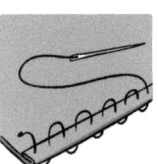

gwnïo

neihen

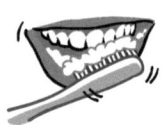

brwsio dannedd

Tähnen putzen

lladd

dootmaken

ysmygu

smöken

anfon

schicken

# teulu
# de Familje

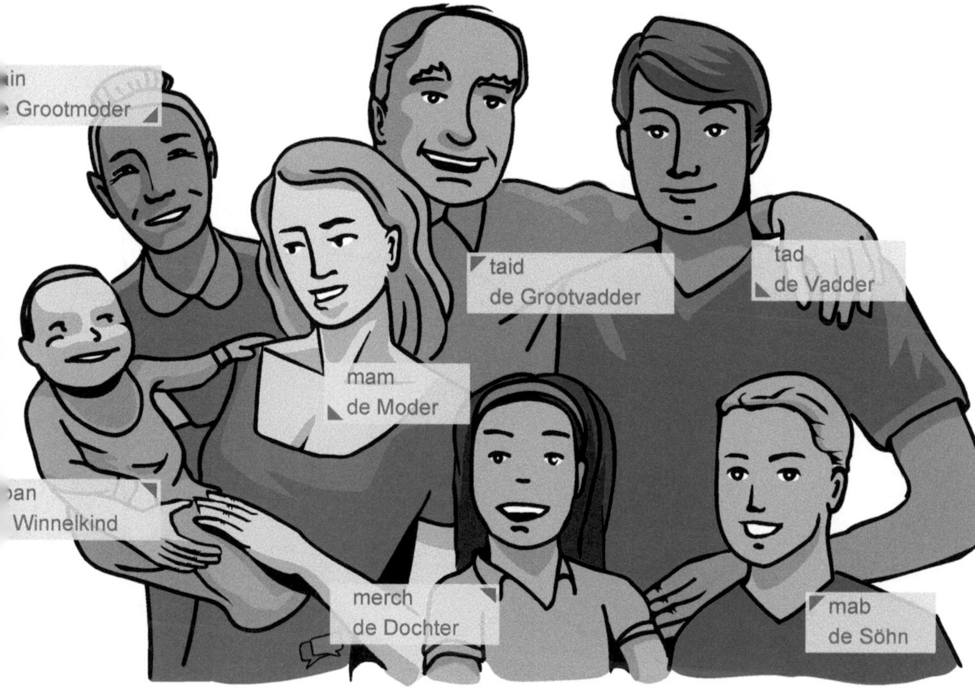

Grootmoder
taid
de Grootvadder
tad
de Vadder
mam
de Moder
Winnelkind
merch
de Dochter
mab
de Söhn


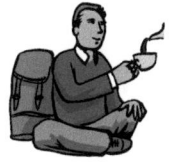

gwestai

de Gast

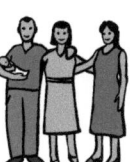

modryb

de Tant

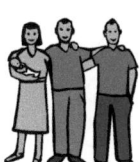

ewythr

de Unkel

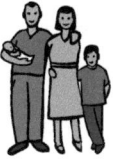

brawd

de Broder

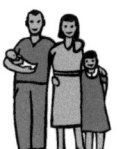

chwaer

de Süster

# corff
# de Lief

talcen
de Vörkopp
llygad
dat Oog
ysgwydd
de Schuller
bys
de Finger
wyneb
dat Gesicht
gên
dat Kinn
llaw
de Hand
coes
dat Been
bron
de Bost
braich
de Arm


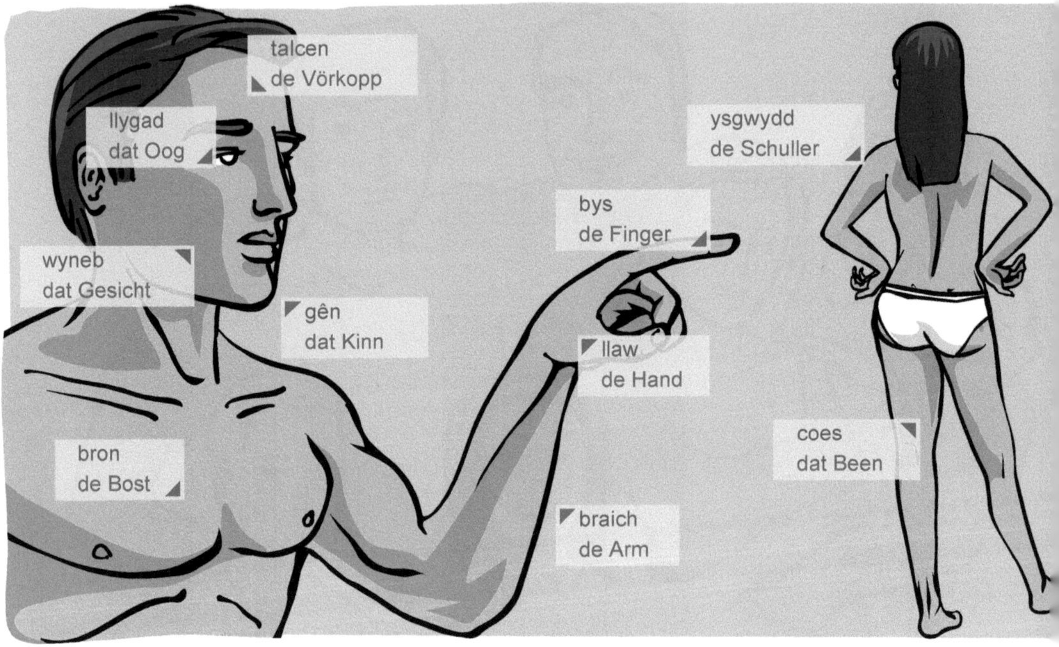

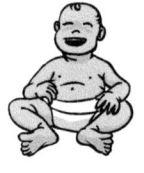

baban
dat Winnelkind

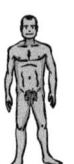

dyn
de Mann

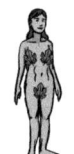

gwraig
de Fro

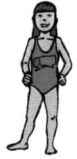

geneth
de Deern

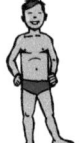

bachgen
de Jung

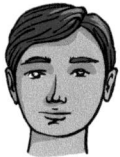

pen
de Arm

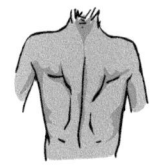

cefn
de Rüch

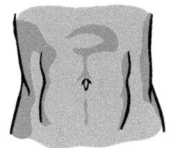

bel
de Buuk

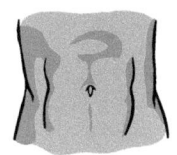

bogail
de Navel

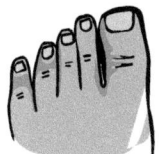

bys troed
de Teh

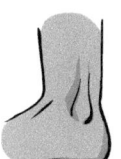

sawdl
de Hack

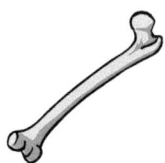

asgwrn
de Knaken

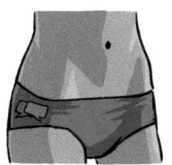

clun
de Hüft

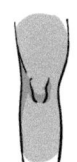

pen-glin
dat Knee

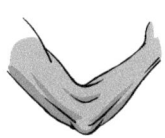

penelin
de Ellbagen

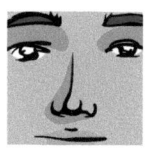

trwyn
de Nees

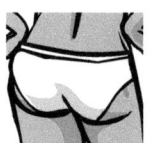

pen ôl
de Achtersen

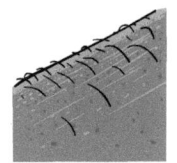

croen
de Huut

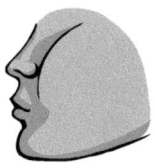

boch
de Back

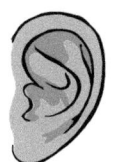

clust
dat Ohr

gwefus
de Lipp

ceg

de Mund

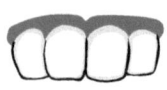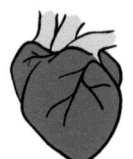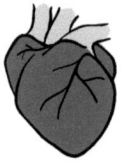

dant

de Tähn

tafod

de Tung

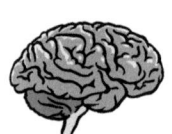

ymennydd

de Bregen

calon

dat Hart

cyhyr

de Muskel

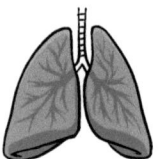

ysgyfaint

de Lung

iau

de Lever

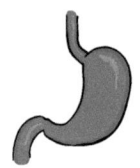

stumog

de Maag

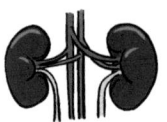

arennau

de Neren

rhyw

de Bislaap

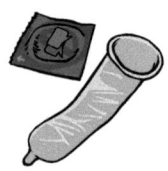

condom

dat Kondoom

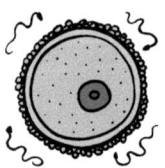

ofwm

de Eizell

semen

dat Sperma

beichiogrwydd

de Anner Ümstänn

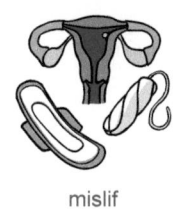

mislif
.................
de Menstruatschoon

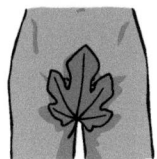

fagina
.................
de Scheed

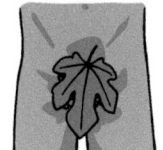

pidyn
.................
de Pint

ael
.................
de Ogenbroe

gwallt
.................
dat Hoor

gwddf
.................
de Hals

# ysbyty
# dat Krankenhuus

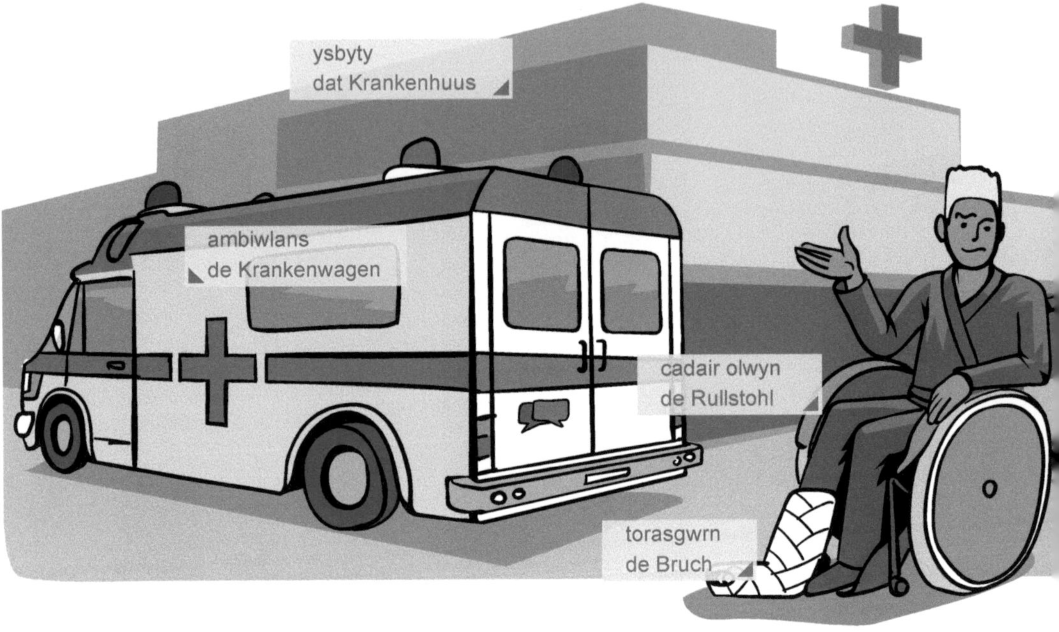

ysbyty
dat Krankenhuus
ambiwlans
de Krankenwagen
cadair olwyn
de Rullstohl
torasgwrn
de Bruch

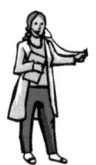

meddyg

de Dokter

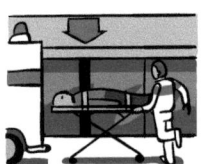

ystafell argyfwng

de Nootopnahm

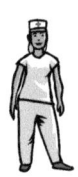

nyrs

de Krankensüster

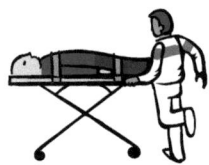

argyfwng

de Nootfall

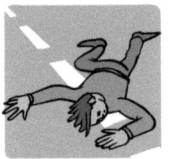

anymwybodol

ahnmächtig

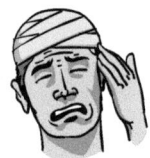

poen

de Wehdaag

anaf

de Verwunnen

gwaedu

de Blöden

trawiad ar y galon

de Hartinfarkt

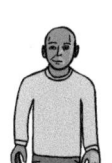

strôc

de Slaganfall

alergedd

de Allergie

peswch

de Hoosten

twymyn

dat Fever

ffliw

de Gripp

dolur rhydd

de Dörchfall

cur pen

de Koppwehdaag

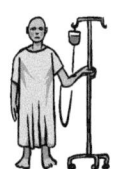

canser

de Kreeft

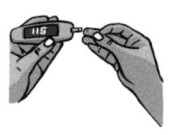

diabetes

de Zuckersüük

llawfeddyg

de Chirurg

fflaim

dat Chirurgsch Mess

gweithrediad

de Operatschoon

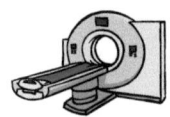

CT

dat CT

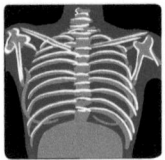

pelydr-x

de Dörchlüchten

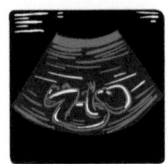

uwchsain

de Ultraschall

mwgwd wyneb

de Mask

clefyd

de Krankheit

ystafell aros

de Töövruum

bagl

de Krück

plastr

dat Plaaster

rhwymyn

de Verband

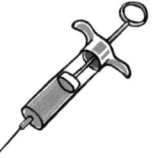

pigiad

de Insprütten

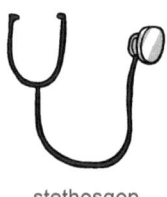

stethosgop

dat Stethoskop

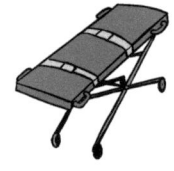

elorwely

de Draag

thermomedr clinigol

dat Feverthermometer

genedigaeth

de Geboort

dros bwysau

dat Övergewicht

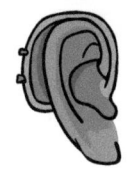

cymorth clyw

de Hörapparat

diheintydd

dat Kiemfriemiddel

haint

de Ansteken

firws

de Virus

HIV / AIDS

dat HIV / AIDS

meddygaeth

dat Heelmiddel

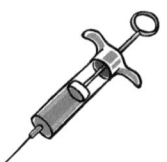

brechiad

de Impen

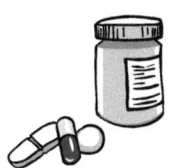

tabledi

de Tabletten

y bilsen

de Pill

galwad frys

de Nootroop

monitor pwysau gwaed

de Blootdruck-Meter

yn sâl / yn iach

krank / gesund

Help!

Hölp!

larwm

de Alarm

ymosodiad

de Överfall

ymosodiad

de Angreep

perygl

de Gefohr

allanfa argyfwng

de Nootutgang

Tân!

dat Füer!

diffoddwr tân

de Füerlöscher

damwain

de Unfall

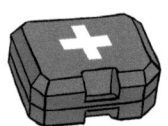

pecyn cymorth cyntaf

de Noothölpkoffer

SOS

SOS

heddlu

de Polizei

Ewrop

Europa

Gogledd America

Noordamerika

De America

Süüdamerika

Affrica

Afrika

Asia

Asien

Awstralia

Australien

Iwerydd

de Atlantik

y Môr Tawel

de Pazifik

Cefnfor yr India

dat Indisch Weltmeer

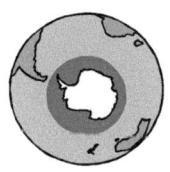

Cefnfor yr Antarctig

t Antarktisch Weltmeer

Cefnfor yr Arctig

dat Arktisch Weltmeer

Pegwn y Gogledd

de Noordpol

Pegwn y De

de Süüdpol

Antarctica

de Antarktis

y Ddaear

de Eerd

tir

dat Land

môr

de See

ynys

dat Eiland

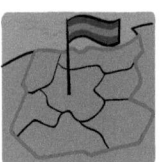

cenedl

de Natschoon

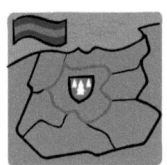

gwladwriaeth

de Staat

wyneb cloc

dat Tallenblatt

bys awr

de Stunnenwieser

bys munud

de Minutenwieser

bys eiliad

de Sekunnenwieser

Faint o'r gloch yw hi?

Wo laat is dat?

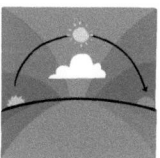

dydd

de Dag

amser

de Tiet

yn awr

nu

cloc digidol

de digetaalsch Klock

munud

de Minuut

awr

de Stunn

## de Week

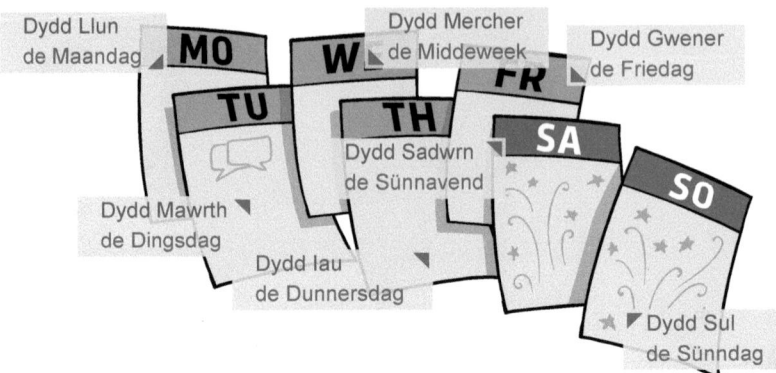

Dydd Llun
de Maandag

Dydd Mercher
de Middeweek

Dydd Gwener
de Friedag

Dydd Mawrth
de Dingsdag

Dydd Sadwrn
de Sünnavend

Dydd Iau
de Dunnersdag

Dydd Sul
de Sünndag

ddoe

güstern

heddiw

hüüt

yfory

morgen

bore

de Morgen

canol dydd

de Meddag

noswaith

de Avend

diwrnodiau busnes

de Arbeitsdaag

penwythnos

dat Wekenenn

glaw
de Regen

enfys
de Regenbagen

eira
de Snee

gwynt
de Wind

gwanwyn
dat Fröhjohr

hydref
de Harvst

haf
de Sommer

gaeaf
de Winter

| 4.APRIL | 11° | ☀ |
| 5.APRIL | 4° | ☁ |
| 6.APRIL | 13° | ☔ |
| 7.APRIL | 8° | ❄ |
| 8.APRIL | 10° | ❄ |

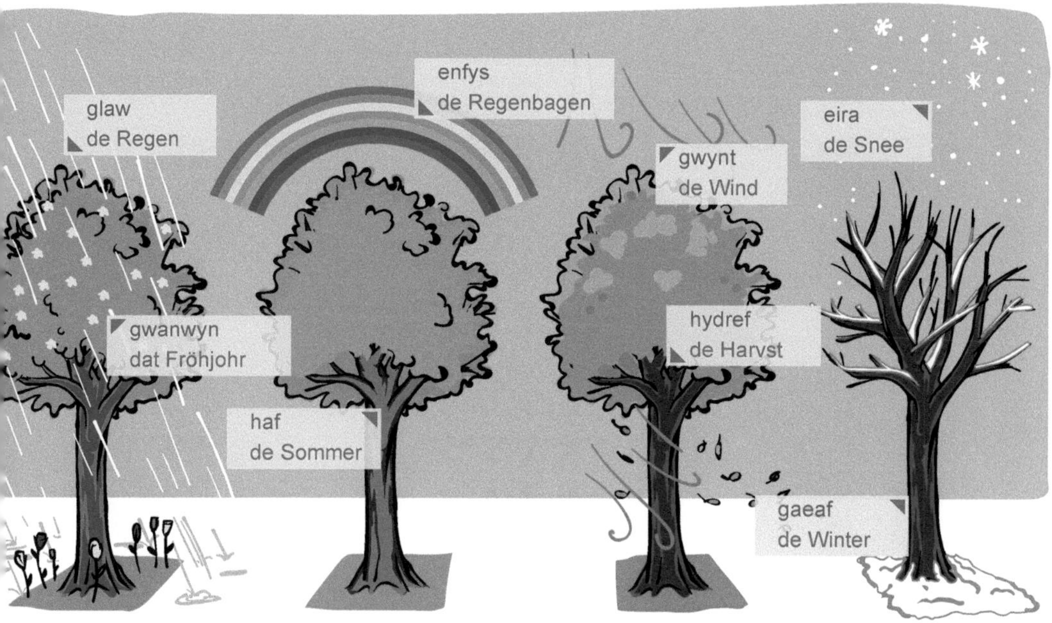

rhagolygon y tywydd

de Wedervörhersaag

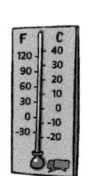

thermomedr

dat Thermometer

heulwen

de Sünnenschien

cwmwl

de Wulk

niwl tew

de Nevel

lleithder

de Luftfuchtigkeit

mellt

de Blitz

taranau

de Dunner

storm

de Storm

cenllysg

de Hagel

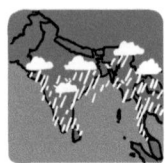

monsŵn

de Monsun

llif

de Floot

iâ

dat Ies

Ionawr

de Januormaand

Chwefror

de Februormaand

Mawrth

de Martmaand

Ebrill

de Aprilmaand

Mai

de Maimaand

Mehefin

de Junimaand

Gorffennaf

de Julimaand

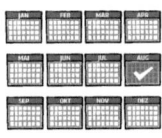

Awst

de Augustmaand

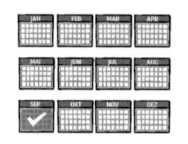

Medi
.................
de Septembermaand

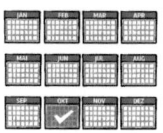

Hydref
.................
de Oktobermaand

Tachwedd
.................
de Novembermaand

Rhagfyr
.................
de Dezembermaand

## siapiau
## de Formen

cylch
.................
de Krink

sgwâr
.................
dat Quadrat

petryal
.................
dat Rechteck

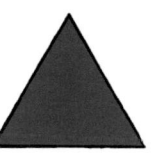

triongl
.................
dat Dreeeck

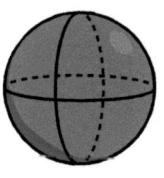

sffêr
.................
de Kugel

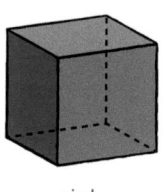

ciwb
.................
de Wörpel

gwyn

witt

melyn

geel

oren

orangsch

pinc

pink

coch

root

porffor

lila

glas

blau

gwyrdd

gröön

brown

bruun

llwyd

gries

du

swart

llawer / ychydig

veel / wenig

dig / tawel

böös / verdreeglich

hardd / hyll

smuck / mies

dechrau / diwedd

de Begünn / dat Enn

mawr / bach

groot / lütt

llachar / tywyll

hell / düüster

brawd / chwaer

de Broder / de Süster

glân / budr

schier / schietig

gyflawn / anghyflawn

kumpleet / nich kumpleet

dydd / nos

de Dag / de Nacht

farw / yn fyw

doot / lebennig

eang / cul

breet / small

bwytadwy / anfwytadwy

geneetbor / nich geneetbor

drwg / caredig

böös / fründlich

llawn cyffro / diflasu

fickerig / langwielt

tew / tenau

dick / dünn

cyntaf / olaf

toeerst / toletzt

cyfaill / gelyn

de Fründ / de Fiend

llawn / gwag

vull / leddig

caled / meddal

hart / week

trwm / ysgafn

swoor / licht

wedi newynnu / yn sychedig

de Smacht / de Döst

yn sâl / yn iach

krank / gesund

anghyfreithlon / cyfreithiol

nich na't Recht / na't Recht

deallus / twp

klook / dummerhaftig

chwith / dde

linkerhand / rechterhand

agos / pell

neeg / feern

wydd / wedi'i ddefnyddio
nieg / bruukt

dim / rhywbeth
nix / wat

hen / ifanc
oolt / jung

ymlaen / i ffwrdd
an / ut

ar agor / ar gau
apen / slaten

tawel / uchel
lies / luut

cyfoethog / tlawd
riek / arm

cywir / anghywir
richtig / verkehrt

garw / llyfn
ruug / glatt

trist / hapus
trurig / glücklich

byr / hir
kort / lang

araf / cyflym
suutje / flink

gwlyb / sych
natt / dröög

cynnes / claear
warm / köhl

rhyfel / heddwch
de Krieg / de Freden

**0**

sero

null

**1**

un

een

**2**

dau

twee

**3**

tri

dree

**4**

pedwar

veer

**5**

pump

fief

**6**

chwech

söss

**7**

saith

söven

**8**

wyth

acht

**9**

naw

negen

**10**

deg

teihn

**11**

un deg un

ölven

**12**

un deg dau

twölf

**13**

un deg tri

dörteihn

**14**

un deg pedwar

veerteihn

**15**

un deg pump

föffteihn

**16**

un deg chwech

sössteihn

**17**

un deg saith

söventeihn

**18**

un deg wyth

achtteihn

**19**

un deg naw

negenteihn

**20**

dau ddeg

twintig

**100**

cant

hunnert

**1.000**

mil

dusend

**1.000.000**

miliwn

million

# ieithoedd

## de Spraken

Saesneg

dat Engelsch

Saesneg America

dat Amerikaansch Engelsch

Tsieinëeg Mandarin

dat Chineesch Mandarin

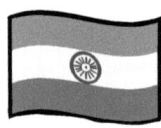

Hindi

dat Hindi

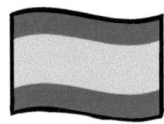

Sbaeneg

dat Spaansch

Ffrangeg

dat Franzöösch

Arabeg

dat Araabsch

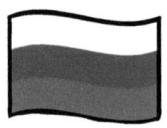

Rwseg

dat Rusch

Portiwgaleg

dat Portugiesch

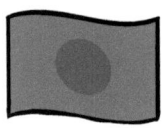

Bengali

dat Bengaalsch

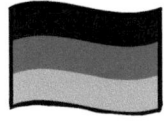

Almaeneg

dat Düütsch

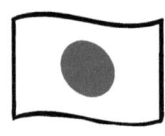

Siapanaeg

dat Japaansch

fi

ik

ti

du

ef / hi

he / se / dat

ni

wi

chi

ji

nhw

se

pwy?

keen?

beth?

wat?

sut?

woans?

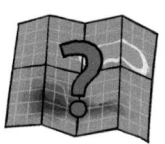

ble?

woneem?

pryd?

wannehr?

enw

de Naam

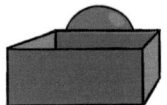

y tu ôl i

achter

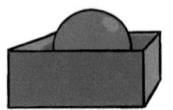

yn / yng / ym / mewn

in

o flaen

vör

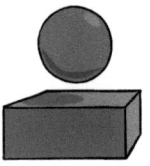

dros

över

ar

op

dan

ünner

wrth ochr

blangen

rhwng

twüschen

lle

de Oort